Tina Leupers

Liebe – die Achterbahn des Lebens

ISBN 978-3-7347-4678-9
© 2015, Tina Leupers, Baesweiler
1. Auflage 2015

Titelbild: Tina Leupers
Lektorat: Stefan Leupers
Herstellung und Verlag: BoD – Books on Demand, Norderstedt

Das vorliegende Werk ist in all seinen Teilen urheberrechtlich geschützt. Alle Rechte vorbehalten, auch die der fotomechanischen Wiedergabe und Speicherung in elektronischen Medien. Das Erstellen und Verbreiten von Kopien auf Papier, auf Datenträgern oder im Internet, insbesondere als PDF, sowie Übersetzung, Vortrag (auch auszugsweise), und Reproduktion ist nur mit ausdrücklicher Genehmigung der Autorin gestattet.

Vorwort

Jaja, meine Damen und Herren:
die Liebe! Wohin sie fällt,
kann sie die Welt verzerren
und nichts gibt´s, was sie hält!

Meine Herren und Damen,
meine schönsten Liebesgedichte
kommen in diesem Rahmen
Ihnen zu Gesichte.

Manches ist schon echt Erfahrung,
anderes nur Phantasie.
Dies nur so als eine Warnung –
ich hoffe, Sie vergessen´s nie!

Vielleicht werden Sie beim Lesen
denken, was die Wirklichkeit verschiebt:
„Wie ist das damals bloß gewesen,
als ich so jung und frisch verliebt?"

Sei´s drum, meine Damen, meine Herren,
wie Sie´s wenden, wie Sie´s drehen,
die Liebe kann die Welt verzerren -
Sie werden es ja sehen!

Frisch verliebt!

Augenblicke des Glücks

Für einen Moment nur glücklich sein,
das ist schön, das ist fein.
Auf einer Wiese mit Blumen liegen,
oder tanzen, dass die Bretter sich biegen.
Etwas machen, was wunderbar gelingt,
oder singen, dass schön es nur klingt.
Mit jemandem, den man mag,
verbringen den schönsten Tag!

Das alles kann uns ein Stück
näher bringen zum Glück!

Was ist bloß los mit mir?

Ich bin voll von Emotionen
aus der Vergangenheit
und bin doch noch nicht satt.

Ich fiebere der Zukunft entgegen
voll freudiger Erwartung
und bin doch nicht krank.

Meine Wangen glühen,
meine Hände sind kalt,
ich bin nahe dran zu weinen,
doch lachen will ich auch.

Was ist bloß los mit mir?
Bin ich irre, bin ich krank?
Wer bringt mich so durcheinander? -
Ich glaub, ich bin verliebt!

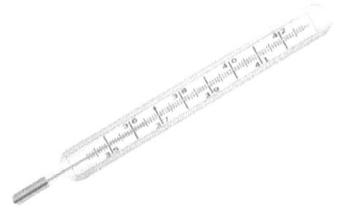

Ein Rezept für die Liebe

3 Seufzer für die schöne Zeit,
1 Gedanke an Vergangenheit,
2 mal an die Zukunft denken,
5 Tage Glück verschenken.

Jederzeit zum Spiel bereit,
Fingerspitze Feuchtigkeit.
Der Küsse kommen rein so sieben,
das ist das Rezept zum Lieben!

Nach dem Verfassen dieses recht kurzen Gedichtes habe ich mir das Ganze nochmal durch den Kopf gehen lassen und ein

Backrezept für die Liebe *geschrieben:*

Man nehme:
2 Menschen
2 niemals verblassende Lächeln
4 schöne Augen
2 klopfende Herzen (möglichst im Gleichklang)
1 Buch voll schöner Worte
½ Liter Neugier
1 Flakon unverwechselbaren Duft
1 Packung Hoffnung
etliche Tüten Zeit
1 Esslöffel Aufgeschlossenheit
1 Messerspitze Verständnis
1 Schale angerührte Sehnsucht
1 Tasse Tränen – nicht zu voll!
1 Teelöffel Schmerz, der muß leider sein!
1 Schachtel Gelegenheiten

Grundrezept:
Man solle die 2 Menschen mischen,
das Lächeln beider nicht verwischen.
Die schönen Augen sollen sehen,
die Herzen niemals stehen.

Für die Füllung:
Die Neugier und die Worte
vermengt mit Duft der besonderen Sorte.
Zur Hoffnung und zur Zeit
wird gemischt die Aufgeschlossenheit.
Gewürzt mit Verständnis, Sehnsucht und den Tränen.
Sollte ich den Schmerz noch erwähnen?
Der kommt auch hier rein,
das muss so sein.

Backanweisung:
Fülle das Ganze in eine Form
(manchmal auch außerhalb der Norm).
Backe es bei 37 Grad,
weniger wäre ein schlechter Rat.

Die Backzeit kann eine Woche betragen
oder auch nur einen Moment.
Man kann eben nicht immer sagen,
wie sehr die Zeit manchmal rennt.

Glasur:
Für den Guss die letzte Schachtel öffnen.
Bloß keine Gelegenheit verpassen!
Feucht machen und zum Trocknen
eine Ewigkeit stehen lassen!

Guten Appetit!

Meine Liebe

Ich möcht nicht mehr schlafen,
ich möcht nicht mehr essen,
bis wir uns wiederseh´n.
Mein Herz wird nicht schlagen,
mein Kopf nicht vergessen,
bis wir uns wiederseh´n.

Ich kann an nichts denken,
kann nichts andres fühlen
als die Liebe zu Dir.
Ich möcht sie Dir schenken,
mit allen Gefühlen,
die Liebe, tief in mir.

Für nichts auf der Welt

Würd man mir Geld anbieten,
mit tausend Talern einen Topf,
so würd ich drüber lachen:
Ich küsste Deinen Kopf!

Würd man mir die Sterne zeigen
und einen mir versprechen am Ende,
so würd ich drüber lachen:
Ich küsste Deine Hände!

Böt man mir Edelsteine,
rote, grüne, weiße, – bunt! –
so würd ich drüber lachen:
Ich küsste Deinen Mund!

Abendromantik

Wenn abends noch die Vögel zwitschern
und die Sonne schon fast untergeht,
spür ich, wie der Abendwind
von Süd nach Norden weht.

Weht denn echt aus Süd der Wind?
Oder stell ich mir das nur vor?
Wünsch ich, dass ich bei Dir wär?
Ich schau zum Himmel empor.

Dort ziehen noch zwei Vögel
einsam durch die Luft.
So einsam wie wir beide jetzt,
ich spüre Deinen Duft.

Ich bin hier, Du bist dort.
Ich bin Dein, Du bist mein.
Nie werd ich Dich vergessen –
in Gedanken werd ich bei Dir sein!

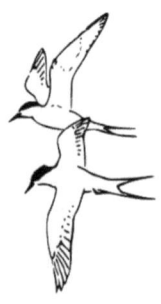

Romanze

Der klare Vollmond,
wolkenlos,
wirft sein Licht auf uns.

Du an meiner Seite,
Hand in Hand,
gehen wir spazieren.

Weiß und hell der Mondenschein,
romantisch,
wie unsere Liebe.

Ein leichter Glanz
im Schwarz der Nacht
erhellt den Weg vor uns.

So wie der Mond
die Bahnen zieht,
soll unsere Liebe weitergehen.

Der klare Vollmond,
wolkenlos,
scheint heute nur für uns.

Im Herbst,

wenn die Blätter an den Bäumen
gelb werden und dann fallen,
wenn die gezwitscherten Töne verhallen,
fang ich an zu träumen.

Immer wieder seh ich
dieselbe gerade Straße
vor mir, und wie im Spaße
geh ich

auf Dich zu.
Laub fällt auf mich,
Laub fällt auf Dich.
Ich denk nur noch „Du".

Lautlos weht der kalte Wind,
bald schon gibt es Regen.
Du wirst den Arm um mich legen,
wenn wir zusammen sind.

Der Wind wird eisig,
Blätter fallen leise,
Regentropfen machen sich auf die Reise.
Plötzlich haben wir es eilig.

Arm in Arm, dicht an dicht -
schließlich müssen wir uns wärmen!
Von vielem könnt ich schwärmen,
doch heute tu ich´s nicht.

Bin ganz schweigsam, bin ganz stille.
Viel zu glücklich bin ich,
denn ich weiß, ja, Dich gewinn ich
für mich, das wär mein Wille.

Der Regen wird jetzt richtig stark,
er reißt die Blätter nieder.
Ich weiß, sie wachsen wieder,
doch die Bäume sind so kahl.

Endlich seh´n wir in der Ferne
unser wohlvertrautes Heim.
Und am Kamin im Feuerschein
erzählst Du mir dann, was ich gerne

höre im Knistern des Feuers.
Ich sag Dir dann deswegen:
„Ich lieb Dich, auch bei Regen!"
im Schutz des alten Gemäuers.

„Ich lieb Dich auch", hör ich Dich sagen,
„bei Regen und bei Sonnenschein
und in der Nacht bei Mondenschein,
an allen geraden und ungeraden Tagen!"

Irgendwann schlaf ich ein.
Ein schöner Tag geht zuende.
Wenn dieser Traum jetzt schwände –
ihn aufgeben – oh nein!

Und ich träum von diesem Tag,
der so schön mit Sonnenschein begann
und dann im Regengrau zerrann.
Und doch war er schön, der Tag.

Denn Du hast mich gefunden
kurz vorm Sonnenuntergang.
Was danach kam, ist lang,
wir sind uns treu verbunden.

Draußen fällt der Regen,
hier drinnen ist es warm.
Du legst um mich den Arm,
begleitest mich auf allen Wegen.

Wenn nicht persönlich, dann Dein Geist,
selbst im Traum bist Du bei mir,
dasselbe wünsch ich Dir.
Zwar bist Du selber meist

in andren Gebieten der Welt.
Doch wenn Du den Traum in diesen Tagen
mit mir teilst, so kann ich sagen:
Unsre Freundschaft, die hält!

Es ist noch Herbst, wir sind zusammen.
Die Blätter werden gelb, dann fallen sie.
Würd ich das ohne Dich erleben, wie
würd ich das ertragen, ich würde mich verdammen!

Ohne Dich ist die Welt nicht schön.
Ich könnt nur selten lachen.
Also, was würd ich ohne Dich machen?
Die Welt würde sich nicht dreh´n.

Du gibst der Welt einen Schubs sozusagen,
dass auch der Herbst geht mal vorbei
und auch der Winter und noch zweierlei.
Die Uhren werden weiterschlagen.

Sie werden weitergehen.
Nur, wenn wir zusammen sind,
verfliegt die Zeit doch sehr geschwind;
sonst … scheint sie stillzustehen!

Die Straße, die wir gemeinsam gehen,
durch die die Winde fegen,
kurz vor dem Regen,
scheint kürzer, als wenn wir sie alleine gehen.

Vielleicht liegt es daran,
dass wir einzeln die Natur
mehr beachten als weite Flur,
merken, wie bezaubernd sie sein kann.

Der Himmel wird in ein Rot getaucht,
wenn die Sonne untergeht.
Und wenn ein laues Lüftchen weht,
werden auch Wölkchen mit Rosa angehaucht.

Ein schönes Bild, gerade im Herbst,
ich wünscht, es könnt immer so sein –
und wir beide zusammen, das wäre fein! –
es ist, als wenn Du für mich den Himmel färbst!

Die Ballade von Hannah und David

Hannah sah den Frühling kommen,
sie war so lang allein!
Da hat sie jemand mitgenommen
auf ein Gläschen Wein.

Aus einem Gläschen wurden zwei,
ihr Gegenüber war galant.
David schwärmt, wie schön sie sei.
Hannah lauscht gebannt.

David war von ihr gefangen,
Hannah war von ihm entzückt.
Schließlich ist sie mitgegangen,
beide waren sehr beglückt.

Sie lebten und sie liebten sich,
machten gern ein Spiel.
Sagten oft „Ich liebe dich!"
und redeten sehr viel.

Stunden, Tage, Monde gingen,
der Sommer kam und blieb auch brav.
Alles wollte ihr gelingen -
bis sie Leon traf.

Leon war sehr stark und groß,
er nahm sie mit ins Bett.
Er sprach nicht viel, er liebte bloß,
und Hannah fand es nett.

Mit David sprach sie lange Stunden,
doch von Leon sprach sie nicht.
David fühlte sich mit ihr verbunden,
schrieb sogar ihr ein Gedicht.

Da erkannte Hannah, was sie wollte:
Für Leon war sie nicht bereit,
der immer nur ins Bett sie holte.
Sie sucht den Mann auf Lebenszeit!

Wieder kam ein Frühling an
und David stellt die Frage:
„Möchtest Du mich als Dein´n Mann?"
Da kam von Hannah keine Klage.

Nach der Hochzeit, wunderbar,
und nach viel gemeinsamer Zeit,
waren bald schon Kinder da.
Und Leon war Vergangenheit!

Meine Sinne

Durch <u>Dein</u> Haar möcht ich Dir streichen,
die Form <u>Deiner</u> Ohren ertasten,
<u>Deine</u> Nase stupsen,
in <u>Deine</u> Augen schauen.

Danach <u>meine</u> Augen schließen
und mit <u>meinen</u> Lippen
<u>Deinen</u> Mund küssen!

Meine Ehe

Du bist die Erfüllung meines Lebens,
auf Dich wartete ich vergebens,
so viele Jahre lang.

Nun bist Du da, wir haben gewonnen,
die Zukunft hat begonnen
für viele Jahre lang.

Wie lange mag es so gehen,
dass wir uns gut verstehen?
Ich hoffe, viele Jahre lang!

Dass wir uns Gedanken machen,
statt miteinander zu lachen –
denk nicht mehr dran!

Lass uns lieben, lachen, leben,
immer nur nach vorne streben,
viele Jahre lang!

ABC der Liebe

Als Du mich über die Schwelle getragen,
mit liebem Blick und starkem Arm,
wollte ich Dir ehrlich sagen,
dass DU hast den größten Charme.

Doch ich glaub, Du hast gelesen
in meinen Blicken lieb und nett,
dass Du für mich bist stets gewesen
der Mann, der alles ist von **A bis Zett**:

Anständig, **b**escheiden, **c**harmant,
drollig und **e**hrlich hab ich Dich genannt.

Fleißig, **g**ebildet, das bist Du,
höflich und **i**nteressiert gehört dazu.

Jovial, **k**uschelig und **l**iebevoll,
musikalisch und **n**atürlich, das ist toll!

Optimistisch und **p**hantasiereich,
auch **q**uerköpfig erkannte ich gleich.

Romantisch, **s**ensibel und **t**olerant
wirst Du nur von mir genannt.

Unentbehrlich bist Du für mich,
dazu auch noch **v**erführerisch.

Witzig und **X**enophil,
das heißt für Fremde ein freundliches Ziel,

yoga-begeistert und zum Schluss
die **Z**ärtlichkeit ich erwähnen muss.

So bist Du – ohne Ach und Weh –
mein Mann wie ein **ABC**!

Einsame Zeiten

Ein Anderer

Er sieht aus wie ein Indianer,
groß und hager,
ledern ist sein Gesicht,
auch die langen Haare fehlen nicht.

Er schließt die Augen wie zum Gebet,
und seine Miene, die verrät,
dass seine fernen Gedanken
zwischen hier und irgendwo schwanken.

Getaucht in Visionen
denkt er in anderen Dimensionen.
Schade, dass er nicht an mich denken kann –
mein Mann!

(„Gedicht einer Ehefrau")

Ohne Worte – oder?!

………………..
…………….
……………….
……………..
…………….
…………………..
………….
……………….
…………..

So viele Worte, ungesagt.
So viele Gedanken, ungedacht.
Langes Schweigen,
Himmel voller Geigen?
Schon lange nicht mehr!
Sie fühlt sich leer.
Wo ist er?

Warten auf die Ewigkeit

Das letzte Wort ist längst gesprochen,
der letzte Satz schon lang verweht,
als sie, als hätte sie´s gerochen,
zurück in ihre Küche geht.

Sie hatte auf dem Herd das Essen,
für sie und auch für ihn,
als er, als hätte er´s vergessen,
musste plötzlich von ihr zieh´n.

So steht sie vor der Tür allein
lange, lange Zeit.
Dann dreht sie um und geht hinein –
wie lange dauert Ewigkeit?

An Dich

Verzeih, wenn ich Dir dies so offen sage,
doch ich denk an Dich des Nachts und auch am Tage.
Ich mag Dich halt, ich hab Dich gern,
bist Du von mir auch noch so fern.
Ich liebe Dich, ich sag´s ganz ehrlich,
die Zeit ohne Dich ist so beschwerlich.
Vielleicht ergeht´s Dir ebenso?
Hoffentlich treffen wir uns irgendwo!

Oh, Du, ich liebe Deinen Blick,
komm, gehen wir doch ein Stück.
Ich finde es so wunderschön,
wenn wir Hand in Hand spazieren geh´n!

Ach, könnten wir sowas öfter machen,
dann könnte ich auch wieder lachen.
Ich will, ich kann ja nicht immer weinen,
ich möcht auch wieder heiter scheinen.
Können wir uns aneinander gewöhnen?
Was meinst Du, wenn wir uns doch beide mögen?

Schreib mir bitte, mehr als nur „Zeilen",
denn Deine Briefe werden meine Seele heilen.
    Mon amour, ich liebe Dich,
    schreibe bald, vergiss mich nicht!

2 Urlaubsgedichte

Fern von Dir

Hier ist Sonne, sie lacht mir zu –
ich hör Dein Lachen.
Hier weht der Wind, ich spüre ihn –
ich spüre Deinen Körper.
Von hier aus seh ich die Berge,
ich sehe Dich vor mir.

Dies ist alles so nah
und Du bist so weit fort...

Urlaub ohne Dich

Wolken schreiben Deinen Namen
in den blauen Himmel, den warmen.

Der Wind haucht ihn in mein Ohr.
Ich komme mir verlassen vor.

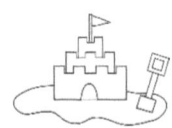

An jeder Ecke scheinst Du zu stehen,
doch kann ich Dich nicht wirklich sehen.

Ich höre Deine Stimme in Wellen und Wogen.
Es scheint, als wärest Du mitgeflogen ...

Erinnerungen

Das alte Foto von Dir,
zusammen mit mir,
hängt noch an der Wand.
Du … bist weit fort im Land.

Erinnerungen erfüllen mich.
Nur an Dich
und an die Zeit
unsrer Gemeinsamkeit
kann ich jetzt denken.
Viel Liebe will ich Dir schenken.

Ich seh Dich vor mir,
hinter Dir die Tür.
Zum Abschied noch ein langer Kuss,
Du sagst: „Schade, dass ich gehen muss."
In mir brennt der Schmerz,
in der Tür – frisch eingebrannt – ein Herz!

Langsam mach ich meine Augen zu.
Wo bist DU?

Wenn die Träne niederfällt
und ich in Erinnerungen tauche,
merk ich, dass mein Brief sich wellt,
und dass ich dich sehr brauche.

Der Brunnen

In meinem Herzen steht ein Brunnen,
gefüllt mit Liebe und mit Leid.
Er ist voll mit Glück und Tränen,
Trauer und Zufriedenheit.

Mal ist es dieses, mal ist es jenes,
was ich draus schöpfen kann.
Nicht immer ist die Mischung gleich,
sie ändert sich so dann und wann.

Meistens bin ich so zufrieden,
wie die Welt mit uns jetzt ist.
Manchmal frag ich mich voll Trauer,
wo Du jetzt grad bist.

Dann halt ich an an meinem Brunnen,
tauche meine Seele rein,
und der Schmerz, den ich dann fühle,
lässt mich wieder glücklich sein.

Denn ich spür, dass unsre Liebe
auch in größter Einsamkeit
das Beste in mir weckt:
das wohlige Gefühl der Zweisamkeit!

Und wenn wir uns dann wiedersehen,
voll Liebe und voll Lust,
dann läuft der Brunnen über,
weil Du dann bei mir bist.

Tränen der Freude, Tränen des Glücks
halten mich stets gefangen.
Ich denk daran zurück,
auch wenn Du längst gegangen.

Ich weiß ganz genau:
wenn wir uns jetzt trennen,
werd ich Dich vermissen –
lass uns noch einmal küssen!

Die Ballade vom Liebeszwerg

Neulich ging´s mir wunderbar,
denn plötzlich war der Frühling da.
Ich wollt nicht länger warten
und ging hinaus in den Garten.
Es blühten die Bäume und Blumen so schön,
es war einfach herrlich, sie anzuseh´n.
Auf einmal war mir, als wäre dort einer,
ich wand mich um, es war dort keiner.
Ich senkte meinen Blick noch tiefer,
da stand ein Zwerg, und rief er:
„Ich liebe Dich,
vergiss mich nicht!"

Ich konnte erst nichts sagen,
dann wollte ich es wagen:
Ich fragte: „Bitte wie?"
Er sagte: „Du, vergiss mich nie.
Äh… ich glaub, ich sollte Dir erklären,
bevor sich Deine Zweifel mehren.
Nun", sagt er dann, „es war so:
Ich traf Deinen Freund kurz irgendwo.
Der sagte zu mir: ‚Du pass auf,
geh zu meiner Freundin, lauf!
Sag zu ihr, ich liebe sie,
und dass sie mich vergisst auch nie.'

So bin ich nun an diesen Orte
und sprach soeben seine Worte.
Ich hoffe sehr, Du glaubst mir jetzt,
doch ich hatte Dich so eingeschätzt.
Es gab keinen, der mir glaubte,
seit ein Zauberer mir meine Größe raubte.
Er besah mich als sein Werk
und sprach zu mir: ‚Du Zwerg!

Du sollst die Liebenden grüßen,
erst nach 50 stehst Du wieder auf großen Füßen!'
So bin ich nun herumgereist,
bis zu Dir, die Du mir Dein Ohre leihst.
Jetzt bin ich fast der Schmutzigste,
doch Du bist die Neunundvierzigste.
Ich muss noch einen Botengang machen,
dann kann ich als Großer wieder lachen!"

Es entfuhr mir ein „Ach herrje",
und plötzlich hatte ich eine Idee.
„Nun", sagt´ ich, „sei doch nicht dumm,
kehre doch ganz einfach um!
Sag meinem Freund, ich liebe auch ihn,
dann kannst endlich des Weges Du zieh´n!"
Er schrie: „Hab Dank, das wollte ich hören –
ich wollte Dich ja nicht betören!
Ich wusste, wie die Dinge lagen,
doch Du musst es ja selber sagen."

Dann war er plötzlich verschwunden,
ich hab ihn nicht mehr wiedergefunden.
Ich dacht schon, er hätt sich verkrochen.
Das war das Ereignis vor wenigen Wochen.
Dort an der Stelle, wo er verschwand,
ich einen Strauß Vergissmeinnicht fand.

Und stellt Euch vor, was heute geschah:
Der Zwerg war wieder da!
Ich saß gerade und las ein Buch.
Es klingelte, ich sagte: „Huch!"
Ich öffnete und sah gebannt
auf das Sträußchen Vergissmeinnicht in seiner Hand.
Der Zwerg war erlöst, er war jetzt groß
und ist dann auch gleich wieder los.
Er gab mir das Sträußchen in die Hand,

doch diesmal er nicht verschwand.
Ich konnte ihn noch lange sehen
alleine die Straße hinuntergehen.
Seine Worte klangen wie ein Gedicht:
„Sei so gut, vergiss mich nicht!"

Die Rose

Eine Ros´ am Rosenstrauch
lässt mich an Dich denken.
Ich möchte sie Dir schenken,
denn ich weiß, Du denkst an mich jetzt auch.

Über Rosen steht geschrieben
so viel, dass man´s nicht lesen mag.
Doch an diesem Regentag
möcht ich diese Rose lieben.

Diese Blüte, rosa und allein,
ist ein wenig schon geblichen,
doch mal so mit mir verglichen,
auch ich bin hier allein.

Die Rose hier hat sicherlich
einen Roser in der Ferne.
An ihn denkt sie so gerne
wie ich an Dich!
      Ich liebe Dich!

Du bist fort...

Was soll ich tun, ich bin allein,
Wie gern möchte ich bei Dir sein!

Ich möcht Dir schreiben, Grüße senden,
doch muss ich hier die Zeit verschwenden.

Wo bist Du nur, ich suche Dich.
Ich denk an Dich - vermisst Du mich?

Sinnliche Gedanken

Wo bist Du nur, ich rufe Dich.
Wo bist Du nur, ich suche Dich.
Wo bist Du nur, ich bin allein,
ach, könntest Du jetzt bei mir sein.

Du bist fort, kilometerweit.
Mir fehlt, zu Dir zu kommen, die Zeit.
Wärest Du jetzt hier,
was machte ich mit Dir?

Streicheln, küssen, erregen,
auch ich bin Dir erlegen.
Möchte niemals von Dir geh´n,
weil wir uns so gut versteh´n.

Mit dem Körper und dem Geist,
einer öfter zu Dir reist.
Haben wir Gelegenheit,
nehmen wir uns wieder Zeit!

Traumwelt

Ich wünsch, Du wärest hier,
könnt ich Dich doch spüren.
Säß´t Du jetzt bei mir,
würd ich Dich entführen.

Entführen in mein Zauberschloss
mit hundert goldnen Türen.
Alle musst Du öffnen,
um mich zu verführen.

Verführen, mich! Das ist nicht leicht!
Du kommst von Raum zu Raum.
Und siehe da! Es ist erreicht!
Ich erwache aus dem Traum.

Wo bist Du nur? Ich schau zur Wand.
Dich habe ich gewollt.
Da ist etwas in meiner Hand:
Oh ja: Ein Schlüssel aus Gold!

Licht im Fenster

Im Fenster ein Schein -
lass mich herein!
Es ist hier so kalt –
ich gehe doch bald!
Nur ein paar Stunden
wär ich mit Dir verbunden.

Willst Du nicht?
So stör ich Dich nicht.
Doch lass im Fenster den Schein,
dann denke ich Dein …

Jemand

Du siehst so gut aus
wie der Sonnenuntergang
eines warmen Sommertages.

Du blickst mich an
wie die Sonne
am strahlendblauen Himmel.

Du tanzt
wie ein Elf
auf weißen Wolken.

Du umfasst mich
wie die warme Luft
am Sommerabend.

Mit Dir schwebe ich
durch diese Luft
auf die weißen Wolken.

Leider kann ich nicht fliegen.
Warum lässt Du mich sitzen
auf dieser Wolke?

Du bist zu alt für mich.
Geh,
wohin Du willst.

Was ist der Preis?

Ich gab Dir mein Vertrauen,
wollte auf Dich bauen,
      was ist der Preis?

Von meinem Leben erzählte ich,
dachte, es beeindruckt Dich,
      was ist der Preis?

Meine Liebe gab ich Dir,
Deine Liebe wünscht ich mir,
      was ist der Preis?

Was ist der Preis für Deine Liebe?
Gerne würde ich zum Diebe,
wenn ich dann könnt den Preis bezahlen.
Ich leide nämlich Höllenqualen.

Irgendwann, wenn ich ein Greis,
frag ich noch:
      „Was ist der Preis?"

Beim Entstehen des nächsten Gedichtes habe ich jemanden besucht, bei dem ich gehofft hatte, seine Freundin, ja seine Partnerin, zu werden. Es ist bei einer Freundschaft geblieben, aber die war mir am Ende mehr wert als eine Liebe, die unerfüllte Wünsche offengelassen hätte.

Lieber Freund,
Du sahst heute so friedlich,
so glücklich aus,
als ich zu Dir ins Zimmer kam.

Du hast geschlafen.
Kein Hundebellen,
kein Türknarren
hat Dich geweckt.

Für einen Moment dachte ich,
nicht mal ein zärtlicher Ruf Deines Namens,
ein Streicheln Deines Hauptes und Deiner Seele
würde Dich wecken können.

Da bin ich wieder gegangen,
tatenlos,
denn ich bin machtlos
Deinem friedlichen Gesichtsausdruck erlegen.

In Liebe

Deine Freundin

Heitere Seiten

Der Dichter und die Muse

Als ein Dichter nicht mehr dichtete,
ihm die Worte, die er vorher wüsste,
fehlten, sprach betrübt er:
„Wenn mich nur die Muse küsste!"

Über die Liebe wollt er schreiben,
Herzen aufschließen.
Könnten doch die Worte bleiben,
wenn ihn schon die Frauen verließen …

Er seufzte laut und goss ganz leise
einen Whisky sich ins Glas.
Gedanken gingen auf die Reise,
doch machten sie ihm keinen Spaß.

Ein paar Schluck später steckt er sich
den Bleistift hinters Ohr.
Dann holt er aus dem Arbeitstisch
den Cognac schnell hervor.

Auch dieser wanderte in seinen Magen,
noch immer fehlt ihm eine Idee.
Er begann sich selbst zu fragen, [leicht lallend]
„Wann kommt denn diese – Musen-Fee?"

Nun nochmal von vorn. [lallend]
„Wo kann denn nur mein Bleistift sein?
Jetzt brauch ich nen Korn!"
Lallte der Dichter und schenkte ein.

Hinter dichten Schleiern
sah er das Papier,
doch seine Hand war bleiern,
und der Stift war eh nicht hier.

Endlich fasst er sich ans Ohr
und fand dort den Gesuchten.
„Wann krieg ich nun Besuch denn?"

Da kam die Muse angeflogen
und flatterte um ihn herum.
In seinem Atem zog sie Bogen um Bogen
und landete schließlich – im Rum!

Als der Dichter das Glas zum Munde führte,
küsste die Muse ihn offen.
doch war er zum Schreiben - zu besoffen!

…

So wartet der Dichter noch heute
auf irgendeine gute Idee.
Doch geht er wieder unter die Leute
und trinkt seitdem - nur noch Tee!

Berührungen

Zärtlich legst Du Deine Hand in meine,
schaust mich an mit liebem Blick.
Und ich denke an die Zeit,
als Du zu mir gekommen bist, zurück.

Du warst jünger noch, verspielt,
doch machtest mir schnell klar,
der Partner fürs Leben
wirst Du, ganz klar!

Berühren magst Du mich gern,
oft streifst Du meine Haut.
Auch ich streichle Dich gern,
Du bist sooo gut gebaut.

Ich mag Dich! Du bist so lustig –
doch treib es nicht zu bunt!
Sonst kauf ich mir ´nen anderen –
      Schäferhund!

Zum Telefon

Erst wenige Tage wir uns kennen,
doch möchte ich stets zum Telefon rennen,
wenn es ringt.

Selbst wenn ich noch vor der Tür,
möcht ich möglichst schnell zu Dir,
wenn es ringt.

Den Schlüssel rein, die Türe auf,
so nimmt das Unheil seinen Lauf,
wenn es ringt.

Der Schlüssel im Schloss dann stecken bleibt,
wenn es mich zum Telefon treibt,
wenn es ringt.

Ich bleibe mit dem Ärmel an der Türklinke hangen,
und kann mich grade noch so fangen,
wenn es ringt.

Ich schleppe mich zum Telefon,
hör im Geiste Deine Stimme schon,
wenn es ringt.

Ich reiß den Hörer von der Gabel,
verheddre mich konfus im Kabel,
wenn es ringt.

"Ich bin´s!" ruf ich mit Entzücken,
hör´s am andern Ende klicken, -
wie das klingt!

Warst mir nah und doch so fern,
jetzt renn ich gar nicht mehr so gern,
wenn´s mal ringt!

Der Slip

Neulich hat mein Gatte Fips
sich gekauft 'nen Schlips.
Knallig bunt mit Streifen -
und mir zwei Slips mit Schleifen!

Ich sprach zu ihm: „Fips!
Was soll ich denn mit Slips?
Ist ja ganz schön nett,
doch meine Unterwäsche ist komplett!"

Da sprach mein Gatte Fips -
inzwischen „bloß" mit Schlips -
das heißt in Worten nackt(!),
indem er meine Hände packt:

„Komm, ich geb Dir einen Tipp:
Ziehst Du jetzt an den Slip,
kannst Du mich dann entblößen -
ich seh Dich gern in Höschen..."

Geschmeichelt sagt ich: „Fips,
zieh bitte aus den Schlips
und Dich dann wieder an."
Er rief: „Ich bin Dein Mann!"

„Ja", sagt ich, „komm schon, Fips,
ich zieh auch Deinen Schlips
mit Streifen wieder feste -
nebenan sind nämlich Gäste....!!"

Das verflixte Ende

Neulich stand ich vor ´ner Kirche
und dachte wohl, wie schön das wär:
Wir zwei da drin,
am Traual-tär.

Da kam das Brautpaar,
er in Schwarz, sie in Weiß.
Das kennt so jeder,
das ist nichts Nei-ß.

Auch die Festgemeinde
stand dort, jeder winkt.
Und in die Limousine
haben sich beide ge-zwingt.

Muss das schön sein,
so zu lieben!
Ach, wären wir das doch,
da - drieben.

Aber auch unsere Freundschaft,
diese zarten Bande,
endeten wie alle diese Verse
in einem unerwarteten – **Ande!**

Inhalt

Vorwort 3
Frisch verliebt! 5
    Augenblicke des Glücks 6
    Was ist bloß los mit mir? 7
    Ein Rezept für die Liebe 8
    Backrezept für die Liebe 8
    Meine Liebe 10
    Für nichts auf der Welt 11
    Abendromantik 12
    Romanze 13
    Im Herbst, ... 14
    Die Ballade von Hannah und David 18
    Meine Sinne 20
    Meine Ehe 21
    ABC der Liebe 22
Einsame Zeiten 25
    Ein Anderer 26
    Ohne Worte – oder?! 27
    Warten auf die Ewigkeit 28
    An Dich 29
    Fern von Dir 30
    Urlaub ohne Dich 30
    Erinnerungen 31
    Wenn die Träne niederfällt 31

Der Brunnen	32
Die Ballade vom Liebeszwerg	34
Die Rose	37
Du bist fort...	38
Sinnliche Gedanken	39
Traumwelt	40
Licht im Fenster	41
Jemand	42
Was ist der Preis?	43
Lieber Freund,	44
Heitere Seiten	45
Der Dichter und die Muse	46
Berührungen	48
Zum Telefon	49
Der Slip	50
Das verflixte Ende	51

Ich bedanke mich

… bei Margret Nußbaum, die mich zu Lesung und Buch animiert hat,

… bei meinem Mann Stefan, der mich immer darin unterstützt hat, mein Talent zu zeigen,

… bei meiner Mama, von der ich das Talent überhaupt habe,

… bei meinen Kindern Julia & Sophie, weil es sie gibt,

… bei allen Künstlern, die ihre Werke auf www.opencliparts.com für alle kostenlos zur Verfügung stellen; in diesem Buch wurden Grafiken verwendet von J-Alves, j4p4n, kobo, laobc, lummema, maxim2, molumen, mystica, nicubunu, raseone, rickvanderzwet, ryanlerch, TikiGiki, TrueCryer